¿Qué hora es?

Laron Davis

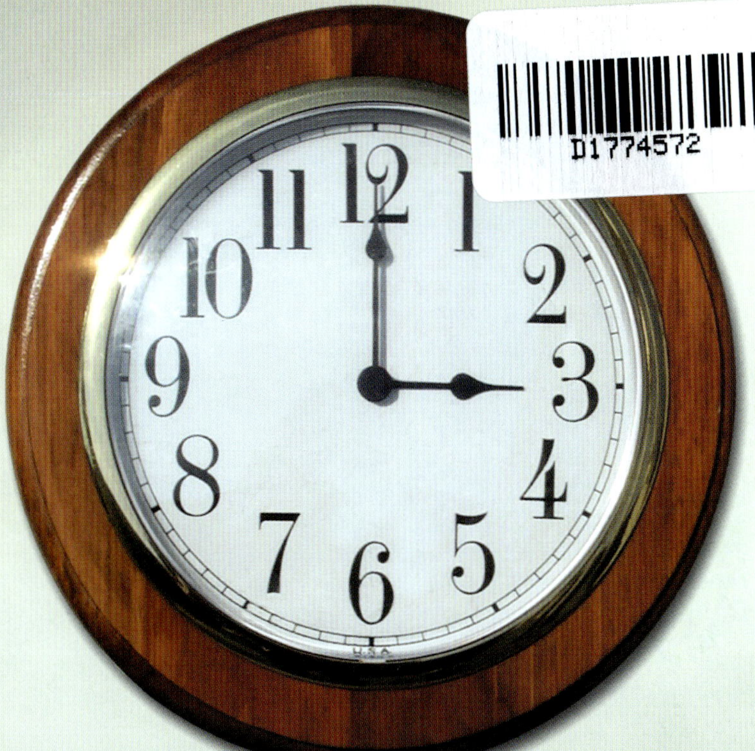

Traducción al español: José María Obregón

Rosen Classroom Books & Materials
New York

¿Qué hora es?

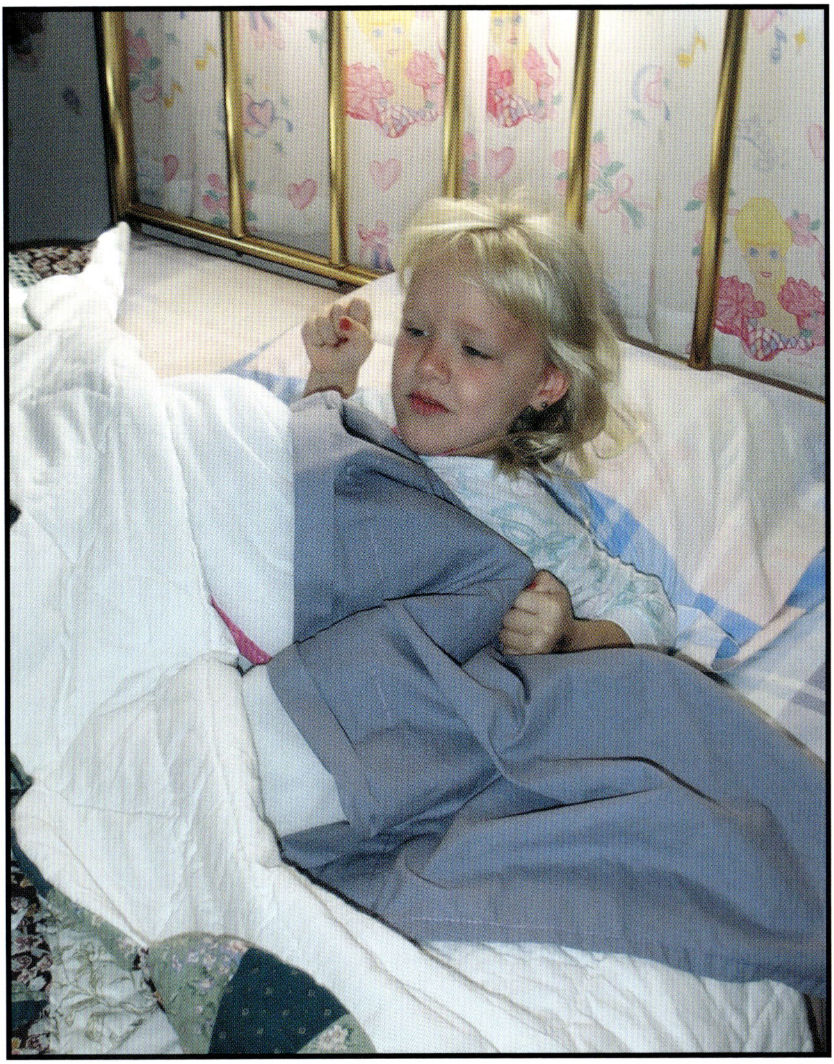

Es hora de levantarse.

Es hora de desayunar.

Es hora de ir a la escuela.

Es hora de comer el lunch.

Es hora de ir a casa.

Palabras que debes saber

(el) desayuno

(la) escuela

(el) lunch